Thomas Schafferer

splitternackt

28 Gedichte

*pyjamaguerilleros**

Thomas Schafferer

splitternackt

28 Gedichte

pyjamaguerilleros*

Bibliographische Informationen der Deutschen Bibliothek:
Die Deutsche Bibliothek verzeichnet diese Publikation in der Deutschen Nationalbibliographie; detaillierte bibliographische Daten sind im Internet unter htp://dnb.ddb.de abrufbar.

splitternackt. 28 Gedichte.

Edition:
pyjamaguerilleros*
Richard-Wagner-Straße 9
A-6020 Innsbruck

Gestaltung/Satz: Kulturrebellen Productions
Herstellung: Books on Demand GmbH, Norderstedt
Cover-Foto: Dieser Gedichtband ist auch in einer streng limitierten, leicht veränderten Sammleredition als Hardcover-Buch im Format 16 x 11 cm (in Rot mit weißem oder in Weiß mit grünem Plüschfell) erschienen (Umschlag-Produktion: Buchbinderei Sanders / nach einer Idee von Thomas Schafferer) und am Cover dieser Standard-Edition zu sehen.

Nr. 1 der Reihe
pyjamaguerilleros*

ISBN 978-3-9501923-0-8

Innsbruck 2001

** Kleinverlag von Cognac & Biskotten - Dem Literaturclub mit dem Wow-Aha-Effekt - www.cobi.at - der unterstützt und gefördert wird von:*

STADT INNSBRUCK tirol Kultur .KUNST bundeskanzleramt

Vorwort des Autors

Werte Leserinnen und Leser!

Seit zehn Jahren schreibe ich Lyrik und veröffentlichte diese in bisher zehn im Underground herausgegebenen Gedichtbänden, aber u.a. auch in unterschiedlichen Literaturmagazinen. Mit diesem elften Gedichtband mit dem Titel „splitternackt" wird mir nun die Ehre zuteil, die Sondereditions-Reihe „pyjamaguerilleros*" des unkonventionellen Tiroler Literaturclubs Cognac & Biskotten zu eröffnen. Dieser Band umfasst 28 Gedichte aus dem Jahr 2001, die bisher noch nicht veröffentlicht wurden und nicht nur große Themen wie „Liebe", „Tod" und „Schnittlauch" behandeln...

Ich wünsche viel Vergnügen beim Lesen!

Thomas Schafferer, Dezember 2001

Gedichte

27

ein jahr der großen schwärze, des verlustes
und trotzdem des gewinns, des großen
gewinns, der berg- und talfahrten, als sich
gutes und schlechtes abwechselt, sich
gegenseitig beeinflusst, mich auf diesem
weg begleitet, ein jahr der schwärze und
des glücks, der großen ereignisse, der
großen erfahrungen, der großen leistungen
des großen verlustes
und wenn es nach mir gehen würde, wäre
es besser diesen plan, diese doppelgleisige
strategie zu ändern, um nur mehr im glück
zu leben, in ruhe, im überlegten handeln
im durchdachten, strukturierten
festgelegten leben

der mann mit dem pech

und es ist immer dasselbe, wenn ich vorhabe mich in jemanden zu verlieben, dann weiß mein gegenüber nichts von ihrem glück und ahnt es gar nicht einmal, geschweige denn fühlt in irgendwelcher form das gleiche, nun fasse ich erneut den entschluss mich wieder einmal zu verlieben und wie so oft ist das ziel meiner begierde das falsche, weil gefühle werden nicht reflektiert, gefühle gleiten ins nirgendwo umschmeicheln kein verliebtes herz, verpuffen in der unendlichkeit des alls, während ich und ein wunderschöner mensch mir gegenüber, während ich liebevolle blicke auf jene person werfe, in die ich mich verlieben könnte, und trotzdem augenblicke, in denen augen blicken, um einen augenblick zu lang ineinander, ohne ein wort zu sagen, augenblicke, die dinge verraten, verräterisch sind, wohl nur aus meiner perspektive als liebevoll voll der liebe interpretiert werden können, denn bin wieder wie so oft der mann mit dem pech, der sich in die falsche frau verliebt, sich in eine frau verliebt, die nicht verliebt in mich, nicht verliebt ist, in den mann mit dem pech

schnittlauch

eine diskothek hat
so viel mit dem
leben zu tun, wie
schnittlauch mit
dem urwald

war heimkehrende liebe

stehe am flughafen und warte darauf
dass deine maschine landet, noch
nie hat mir eine ankunft mehr
schmerzen zugefügt, noch nie war
ein zurückkehren eines geliebten
menschen bitterer, noch nie war
heimkehrende liebe trauriger, war
heimkehrende liebe wehmütiger
schmerzvoller, noch nie war eine
rückkehr ein sich von einander
verabschieden, nach einer
wundervollen zeit

zufrieden und gelassen

und scheinbar gibt es in diesen tagen
nichts anderes zu tun, als
begonnenes zu beenden und an
gutem festzuhalten und dennoch auf
festgefahrenem nicht weiter zu
beharren, sondern irgendeinen
neuen weg zu finden, losgelöst nicht
völlig vom erlernten, vom
gefundenen, aber darauf aufbauen
und wachsen, um hürden und
hindernisse zu überspringen, um
prüfungen zu bestehen, um
zufrieden und gelassen, um reif und
reich an erfahrung zu werden, im
endlichen tun des menschseins

halbes jahrhundert geliebter mensch

dir versuchen kraft zu geben, in dieser
schwierigen zeit, in dieser zeit, in der
ich zerbrechen würde, wenn ich nicht
eiserne härte an den tag legen müsste
in einer zeit, in der offen und ehrlich
gezeigte gefühle kaum platz finden
wo eine familie sich nötiger denn je
hat und alle welt sich auf deine mutter
konzentriert, während ich mich auf
dich, auf dich meine mutter
konzentriere und dankbar bin für alles
dankbar bin für dich, unendlich
dankbar für ein halbes jahrhundert
geliebter mensch

hawelka

wir verschlafen den vormittag und meinen damit
eigentlich, dass wir den vormittag verlieben, um
uns nachmittags wiederzusehen im
straßengewirr, um geruhsam weiterzuleben
hineinzufahren mit der u-bahn in den sonntag
um auszuruhen, um mit dem alten herrn
hawelka zu sprechen, um einen tisch zu
ergattern und eine melange, um den
kopfschmerz loszuwerden nach ermüdender
dasmeistewürdeichmirnichtaufhängenkunst im
museum, wie du sie bezeichnest und wie sie
auch die alte frau hawelka bezeichnen würde
wenn sie mit uns spricht, bevor wir durch die
straßen weiter müssen, um ein abendessen
nicht warten zu lassen und um einer freundin
von dir lebewohl zu sagen

frieden schließen

nach dem training in frühen herbsttagen fahre
ich mit dem auto zur autobahnraststätte und
esse fast food in nur zehn minuten, ohne mich
zu beeilen, in aller ruhe, hatte mittags tomaten
im garten gepflückt, wie ansonsten birnen
äpfel und salat, speise heute abend in dieser
plastikwelt, wo ich mit meiner zweiten großen
liebe saß, über das leben sprach und über
viele dinge, steige ins auto und fahre hinein
in das tal, in dem sie noch immer wohnt, fahre
in ihr dorf, vorbei an ihrem haus, denke an so
manche begebenheit und mache meinen
frieden mit ihr, würde sie eigentlich gerne
wieder einmal sehen, mit ihr sprechen, wie
ich auch die erste große liebe liebend gerne
wiedersehen möchte, obwohl ich vollkommen
glücklich bin, oder gerade deswegen, weil ich
wieder liebe, verliebt bin und jemand das
gleiche für mich empfindet und wir, meine
dritte große liebe und ich, miteinander frieden
schließen, nach unserem ersten streit

marmorkuchen für morgen sonntag

während es draußen schneit, geht wieder ein übler
tag zu ende, an dem zwar eine schwester
geburtstag hat am vierundzwanzigsten und
vierundzwanzig wird, doch alles andere den bach
hinunterläuft, fast alles andere, du bist im
zurückkehren, hast schon vermutungen und alles
endet in einem streit, im eskalieren, wie noch nie
zuvor, in anschuldigungen, in unterstellungen
vielleicht sogar im wunsch sich zu trennen
einem wunsch, der kein richtiger wunsch, der
vielleicht nur eine waswärewennfrage ist, was
wäre wenn wir nicht mehr zusammen wären
würde ich dann und was würde ich dann wohl tun
und lassen, ein trister tag und zuviel schnee auf
dieser welt, zuwenig nähe, zuwenig zeit für
einander, trotzdem backe ich kuchen für dich
marmorkuchen für morgen sonntag, bis plötzlich
ein problem wieder gelöst ist und wir gemeinsam
bei kaffee und kuchen sitzen, lächeln, fragen
stellen, antworten geben, wieder glücklich sind
froh einander zu haben und uns bewusst wird
dass liebe ein sonderbares glück ist

lust landschaft

und habe lust landschaft zu betrachten
mir in gedanken vorzustellen wo in
wäldern und warum mäuerchen in
einsamer wildnis errichtet wurden, wo
die geheimen verteidigungslinien sich
im erdboden vergraben haben, wo die
unterirdischen gänge aus dem
mittelalter verlaufen, wo höhlen und
bergwerke sich verstecken, in dichten
nadelwäldern, an steilen berghängen
wo unter gestrüpp verborgen schätze
schlummern

im siebten stock über der stadt

ein programmheft, in dem mein gesicht, mein
name abgedruckt ist, ist vollkommen egal
denn eine, meine geliebte großmutter liegt mit
schwerem atem im siebten stock über der stadt
und schläft, nach einem schlaganfall, nach
einem herzinfarkt und alle liebe, jedes herz ist
mit ihr, wir sind bei ihr und ich denke an sie
in diesen nächten in den kellern, im dumpfen
stampfen, pochen, im wüsten
zitronensafttrinken, im untergrund denke ich
an meine geliebte großmutter, an sie, die all
das glück und all das leid erlebt hat, die sich
92 jahre durch alle generationen, durch alle
epochen, durch alle weltkriege gelebt hat und
ich hoffe, dass alles doch gut werden, mit aller
kraft sich zum guten wenden möge, als ein
vater heimkehrt, am abend eines tages, am
himmel über amerika

wieder (liebe)

und da wurden plötzlich wieder küsse
erweckt aus der tatenlosigkeit in die
duftend zarte münderrunde der stadt im land

und da ist plötzlich wieder die liebe
aufgetaucht aus der vergessenheit in die
wärmend weiche frühlingsluft der stadt im land

und da wurde plötzlich wieder die umarmung
geboren aus der einsamkeit in die
strahlend glückliche geborgenheit der stadt im land

im abgespachtelten zimmer

am tag des erdbebens, in der stunde der
erdstöße im auto sitzen, durch innsbruck
fahren, um farbe zu kaufen, mit der
großen liebe an bord, nichts kann uns
erschüttern am tag als lucky lukes
schöpfer morris stirbt und ich einen tag
später farbschichten von den wänden
hole, von alten, verputzten mauern, mit
der liebsten im schmutzigen
baustellengewand, mit farbbespritzten
gesichtern, küssend mit staubigen
lippen im abgespachtelten zimmer
ihrem neuen zuhause in der
richard-wagner-straße, ehe wir nach
getaner arbeit müde ins bett fallen und
am nächsten morgen, wie an jedem
morgen, die liebste wieder wunderschön
aussieht

immer so

warum kann es nicht immer so sein, wie
heute, wie heute alles ist, wie das leben
und die liebe sich heute präsentieren, in
unglaublicher farbenfülle, wie die sonne
in wärmender pracht die welt erstrahlt
wie die stadt umarmt wird von der liebe
von der geborgenheit, vom leben, von
einem schwerelosen, unsterblichen
von einem unbeschreiblichen gefühl
dem gefühl der gefühle

schwarzseher

an einem tag, an dem man zu wenig geschlafen
hat, scheint sich alle welt gegen einen
verschworen zu haben, scheint jeder mensch
ein betrüger, das leben ein hinterhalt zu sein
scheinen pechsträhnen und falsches spiel an
der tagesordnung zu stehen, an tagen, an
denen man zu wenig geschlafen hat, sieht man
die welt mit anderen augen, man sieht nur
mehr die schwärze der realität, wird mit zu
wenig schlaf und erholung eines geistes, eines
körpers, die gewohnt sind hart zu arbeiten
schön langsam zum schwarzseher

städte eines kleinen kontinents

in einer zeit, in der briefe geschrieben werden
versandt ohne briefpapier und ohne kuvert, in
der worte fließen, über eine tastatur, in einen
bildschirm, in die städte eines kleinen
kontinents, während eine mutter vom winter in
den sommer fährt, hinunter ans meer und ein
winter auch für mich in den frühling mündet
sprechen meine worte mit politikerinnen, mit
dem bundespräsidenten oder mit
milliardenschweren konzernen, die mir sogar
antworten, mich glücklich machen, ein wenig
zumindest, doch nicht völlig, in dieser
harten zeit

010101

mit meinem vater im schneesturm am sessellift
sitzen, sich schreiend unterhalten, als
pistenretter nicht pisten sondern menschen
erste hilfe leisten, über grobknollige hänge ins
tal rattern, mittags schnitzel essen in einer
grandiosen landschaft, einem meer aus
bergen im weißen winter, unter blauen
himmeln, am ersten tag eines jahres
morgens um acht uhr bereits wach sein und
abends um zehn uhr schon schlafen
nachdem man mit einer schwester in der
hauptstadt telefoniert, einer großmutter ein
gutes, neues jahr gewünscht hatte und vor
dem fernseher mit dem langweiligen film
ins dösen geraten war, einer mutter eine
mailbox konstruierte und schließlich
pumuckl-kassetten gehör schenkte, um
endlich einzuschlafen, an einem tag der
010101 hieß

an die vergangenheit (erinnern)

es geht um nichts anderes im leben
als um das leben zu leben, so gut
für sich, wie nur möglich, ohne
anderen zu schaden, auch wenn
man am anfang des sommers
traurig ist, muss man weiterlaufen
sich weiterboxen und sich
herausziehen aus der melancholie
mit der größten kraft an seiner
seite, bis man die wichtigen ziele
erreicht, die liebe wieder gefunden
hat, sie gut behandelt im
bedingungslosen liebesspiel
zwischen verstand, gefühl und
gewissen und man sich erinnert an
die vergangenheit, die nicht immer
rosig war

teufelskanzel

im sommer der diplomarbeiten am balkon sitzen
wissenschaft betreiben, vorantreiben, nektarinen
essen und an den gestrigen abend denken, als
wir weißwein tranken über der stadt, oberhalb
der teufelskanzel, wo lange grashalme über
die baumwipfel sprießen, wo die selbstmörder
in das bäumemeer springen, dort sprachen wir
über vieles, schliefen später müde aneinander
ein, um wieder nach, wie so oft, viel zu kurzer
nacht zu erwachen, im stetigen teufelskreis
gefangen, um immer weiter, weiter und
weiter zu arbeiten

ich ein schwerverbrecher

und gnade ist das wort, das heute wieder mein
leben bestimmt, sich über mein leben legt
denn gnade wurde walten gelassen, obwohl
ich ein schwerverbrecher bin, weil ich mich
selbst betrüge, meine seele schände, mich
selbst misshandle, obwohl ich mich selbst
beraube und teile von mir zerstöre, habe ich
gnade erfahren, worauf ich mit krimsekt
anstoße und zigarre rauche, wofür ich danke
auch den menschen, die mir am herzen
liegen, an diesem tag der gnade, an dem sich
schwärzewolken, die seit jahren meinen
himmel bedeckten, endlich verzogen haben
und mich die strahlend heiße sonne noch
einmal von vorn beginnen lässt

lächelt mir zu...

habe die liebe gefunden, sie lächelt
mir zu, lächelt mir liebe zu, lächelt
mir tiefgang und reife zu, lächelt
mir intelligenz und fröhlichkeit zu
steht auf meiner seite, umarmt
mich und spricht in eigenen worten
in eigenen sätzen, mit eigenen
gedanken, in eigener weise und
wirft mir immerfort ein lächeln zu

goldenes zeitalter?

im atelier stehen in sommernächten, erdbeerwein
aus italien trinken und an zweiundfünfzigmillionen
schilling denken und an dich und an mich und an
die kunst, was wäre wohl möglich mit so viel
geld, wer könnte beschenkt, was könnte erreicht
was würde aus uns werden, was könnten wir
erschaffen, mit so viel geld, in einem entspannt
illustren, kreativ wuchtigen wirken, beinahe
ohne zukunftsängste, überlege ich mir
während ich bilder male auf papier, mit gold und
schwarz und rot, mit anderen farben, farben, die
unser zeitalter beschreiben, ein goldenes
zeitalter?

fenster, das nicht

manchmal bin ich ein einbrecher
ein passant, der vorbeigeht an
deinem fenster, das nicht im
erdgeschoß liegt und trotzdem
mich hineinsteigen lässt in dein
zimmer, um dich zu umarmen
um vollkommen umarmt auf
deinem bett zu liegen, mit dir
küssend, nur für einen moment
bevor ich dich wieder verlasse

splitternackt

wenn der winter kommt ist es nicht immer einfach
die hoffnung zu bewahren, wenn kälte das land in
einen eisigen käfig steckt und wärme nur mehr in
den herzen der menschen und deren häusern zu
finden ist, denkt sich ein dichter, der splitternackt
in seinem bett liegt und sich sorgen macht, die
nachrichten um sechs uhr früh, aber keine
neuigkeiten hört, einen motivationstrainer, der ihn
auch nicht motivieren kann, als er davon spricht
dass man an sich selbst glauben sollte, die
hoffnung des dichters schimmert erst wieder in
gedanken an die liebe, im verstandensein
wiedergefunden im kreise derer, die ihn lieben
und die er liebt und dennoch ist es manchmal
nicht einfach die hoffnung zu bewahren, wenn
der winter sich ins land schleicht und manches
sterben lässt

liebe ein experiment

und liebe kann nicht nur schön sein, manchmal
ist liebe bitter und schwierig und kompliziert
und trotzdem schön, auch wenn sie tief und
hitzevollster natur ist, ist liebe ein experiment
ist liebe wie die welt, weich und zart und hart
und verplant und beschränkt und trotz allem
ist sie immer noch die freiheit und die erfüllung
auch wenn liebe nicht immer romantisch ist, ist
in ihr sehnsucht zu finden und freude und
rastlosigkeit, weil liebe ist unberechenbar und
groß und unbeschreiblich und unfair, denn
eigentlich ist liebe alles, liebe ist gar alles

nebelsuppe

ein kurzer, schneller abschied in den straßen
in der nebelsuppe, einen kuss, eine
umarmung sich schenken, sich freuen am
nächsten tag sich bereits wiederzusehen
die traurigkeit auch mit hilfe von mehlspeisen
und kaffee verdrängen, am bahnhof, vor der
abfahrt und die erinnerung im herzen tragen
an drei, vier tage miteinander in wien, ohne
große hektik, ohne strapazen oder
ungemütlichkeiten, jedoch mit
wiederkehrender entspannung, liebe und
bewusster wahrnehmung des lebens, der
fortwährenden liebkosung des augenblicks

bud spencer & terence hill

möchte mit dir über autobahnen fahren, in den
süden, nicht weit in den süden, aber schon in
den süden, bis ans meer, bis wir am hafen von
trieste stehen, eine stadt, die über fünfhundert
jahre lang zu österreich gehört hatte, dann
weiterfahren in das dorf mit dem peinlichen
namen: bi-bi-one, dem dorf der touristen am
tagliamento, um im sand zu sitzen, beim
leuchtturm, in den dünen, um im wiegen der
gräser auf das meer zu blicken und an früher
zu denken, als eine familie im synthie-sound
der achtziger jahre, „you're my heart, you're
my soul", am klärwerk vorbei über die sandig
verpfützte straße hinunter in ihr paradies fuhr
um vollkommen geborgen und glücklich zu
sein, in jenem dorf, in dem wir mit vater
kinofilme sahen, mit bud spencer und
terence hill, in jenem dorf, in dem die kindheit
zuhause war, dann wieder aufbrechen, um die
stadt auf den pfählen heimzusuchen und
später das alte rimini, gatteo a mare, die
touristenorte deiner, meiner kindheit, die
vergangenheit und das meer und auch um
ancona zum ersten mal zu erleben, bis wir
weiter deiner geschichte nachgehen und
fiuminata sehen, vielleicht sogar deinen vater
treffen, dem du noch niemals begegnet bist
den du sehen willst, bevor wir talamello
erblicken, wo deine ururgroßeltern geboren
wurden und kreise sich wieder schließen, das
leben ein kreis zu sein scheint, die welt eine
scheibe ohne enden, wenn wir über
autobahnen fahren, bologna erreichen
und später verona

die lyrische poesie

und all das, was ich in meiner
bisherigen vergangenheit mir
aus mir erdichtet habe, wird
irgendwann gelesen, wird
irgendwann auf papier
gedruckt oder sonst wo zu
hören sein, doch werde mir
fortan zukunft andersartig
erschreiben, die lyrische
poesie zwar nicht
verdammen und ihr nicht den
rücken zukehren, mich ihr
aber vielfältiger annähern
um der veränderung platz
einzuräumen und meine
worte wachsen zu lassen

Entstehungsorte und -zeiten der veröffentlichten Gedichte dieses Gedichtbandes:

010101	Pfons (A), Römerweg	01.01.2001
der mann mit dem pech	Pfons (A), Römerweg	03.01.2001
lust landschaft	Zug zw. Innsbruck u. Pfons (A)	03.02.2001
schnittlauch	Pfons (A), Römerweg u. Steinach am Brenner	03.02.2001
im siebten stock über der stadt	Innsbruck (A), Jugendzentrum MK, Sillgasse	03.03.2001
halbes jahrhundert geliebter mensch	Pfons (A), Römerweg	08.03.2001
städte eines kleinen kontinents	Pfons (A), Römerweg	24.04.2001
wieder (liebe)	Pfons (A), Römerweg	30.04.2001
immer so	Innsbruck u. Pfons (A), Römerweg	13.05.2001
schwarzseher	Pfons (A), Römerweg	15.05.2001
an die vergangenheit (erinnern)	Innsbruck (A), VAZ Hafen, Innrain u. Hauptbahnhof	21.06.2001
ich ein schwerverbrecher	Pfons (A), Römerweg	29.06.2001
lächelt mir zu...	Zug zw. Innsbruck u. Patsch (A)	01.07.2001
im abgespachtelten zimmer	Innsbruck (A), Café Tyrol, Roseggerstraße	19.07.2001
goldenes zeitalter?	Pfons (A), Römerweg	21.08.2001
teufelskanzel	Pfons (A), Römerweg	23.08.2001
fenster, das nicht	Pfons (A), Römerweg	06.09.2001
frieden schließen	Pfons (A), Römerweg	21.09.2001
war heimkehrende liebe	Innsbruck (A), Flughafen	01.10.2001
liebe ein experiment	Pfons (A), Römerweg	23.10.2001
splitternackt	Pfons (A), Römerweg	14.11.2001
marmorkuchen für morgen sonntag	Pfons (A), Römerweg	24.-25.11.01
hawelka	Wien (A), K & T Boardinghouse, Mariahilfer Straße bzw. Literaturhaus Wien, Seidengasse u. Café Hawelka, Dorotheergasse	02.12.2001
nebelsuppe	Wien (A), Westbahnhof	03.12.2001
zufrieden und gelassen	Zug zw. Salzburg (A) u. Prien am Chiemsee (D)	03.12.2001
bud spencer & terence hill	Pfons (A), Römerweg	04.12.2001
27	Pfons (A), Römerweg	06.12.2001
die lyrische poesie	Pfons (A), Römerweg	10.12.2001

Über den Autor:

Thomas Schafferer (geboren am 07.12.1973 in Innsbruck) lebt in Pfons bei Matrei am Brenner, studiert (noch) Politikwissenschaft und versteht sich als Polyartist. Seit 1987 autodidaktisch arbeitend in verschiedensten künstlerischen Bereichen u.a. Lyrik, Malerei, Fotografie, Grafik, Video, Super 8, Musik, Skulptur, Installation, Objekt- und Konzeptkunst, Performance oder Collage.

Seit 1997 rund 50 Lesungen im In- und Ausland u.a. in Paris, Coventry, Frankfurt, Prag, Winterthur, Bozen oder Wien. Seit 1994 in Österreich und in weiteren neun europäischen Staaten knapp 50 Ausstellungen bzw. Präsentationen seiner Werke, davon die Hälfte Einzelausstellungen u.a. in Brünn, Grenoble, Hamburg, Paris und Dortmund.

Desweiteren Veranstalter und Organisator div. kultureller Veranstaltungen im Großraum Innsbruck. Gründer und Obmann des Kulturvereins Cognac & Biskotten. Dadurch Organisator, Veranstalter und Autor bzw. Lesender bei: „Die Schreibmaschinen auf Europa-Lese-Tortour 2001“ mit Auftritten in Österreich, Ungarn, Tschechien, Schweiz, Frankreich, Spanien, Großbritannien, Deutschland und Italien.

Außerdem Teilnahmen an Künstlergesprächen und Vortragender z.B. zum Thema Kunst am Institut für Architektur an der Universität Innsbruck. Im Fernsehen 1998: ORF- Kunst Stücke - (5 minütiges) TV-Beitrag von Teresa Andreae über Thomas Schafferer oder z.B. 2001: ORF Zusammenfassung des Auftritts der Schreibmaschinen im ORF kulturhaus tirol.

Überdies verantwortlich für 8 Livesendungen und 3 Hörspiele im Rahmen der Radiotage von FREIRAD - dem freien Radio Innsbrucks im Oktober 1999.

Weitere Infos unter www.schafferer.net

Bisherige literarische Veröffentlichungen:

1. Lyrikbände im Underground:

1992: sarkasmus, humor oder cavi 1992. Innsbruck.

1993: der mathema-tik oder un disastro di 21 mesi. Innsbruck.

1993: ohne einander. Innsbruck.

1994: kehrseiten, meer oder cavi 1994. Innsbruck.

1995: meeresland. Innsbruck.

1995: die ersten fünfundneunziger. Innsbruck.

1995: zak. Innsbruck.

1995: unverkäufliche gedichte. Innsbruck.

1996: balearenreime. Innsbruck.

2001: zehn. Innsbruck.

2. Sonstige literarische Veröffentlichungen:

Seit 1993: Veröffentlichungen in Österreich und Deutschland in div. Jugend- und Studentenzeitungen z.B. Bravda, David, Öh-Kulturzeitung etc. und Literaturmagazinen wie z.B. Die Tulpe, Ein Blatt, Fernseher und Bananen.

1996: Mitarbeit und Autor am Buchprojekt „Ansichtssachen 61 Gründe Innsbruck zu verlassen oder doch...", Michael Gaismair-Gesellschaft: Innsbruck.

1998: Gem. mit Melanie Steiner - Gründung des einzigen Tiroler Literaturmagazins Cognac & Biskotten, seither Herausgeber, Autor, Gestalter und verantw. für bislang 14 Ausgaben des Magazins: Innsbruck.

1998: Autor im „Yeti-Kalender 1999": Innsbruck.

1999: Nachwort im „Yeti-Kalender 2000": Innsbruck.

Dieser Gedichtband ist gewidmet:
Myriam Antinori, Vere, Cri und Tex, Rosa Krismer,
Robert Renk sowie allen, die mich in den vergangenen
Jahren unterstützt haben.

pyjamaguerilleros*
ist der Kleinverlag von Cognac & Biskotten - Dem Literaturclub mit dem Wow-Aha-Effekt - www.cobi.at